오십에 쓰는

대학 大學

한치선(타타오)

30여 년간 붓과 펜을 벗 삼아 문자(한자, 한글)와 더불어 살았습니다. 현재 유튜브 서예 채널 〈타타오 캘리아트〉와 〈타타오 서재〉, 깐징월드 인문학 채널 〈타타오 뜨락〉을 운영하며, 온 · 오프라인을 통해 활발히 활동 중입니다.

EBS 평생학교 〈한치선의 난생처음 붓글씨 쓰기〉, 클래스101 〈오늘부터 예쁘고 품격 있는 손 글씨〉, 유튜브 채널 〈타타오 캘리아트〉의 멤버십 〈유튜브 서예학원〉을 통해 온라인 강의도 진행하고 있습니다.

《경기도 서예대전》 운영위원을 역임했으며, 《추사 김정희 선생 추모 전국 휘호 대회》 심사 등 다수의 서예대전에서 심사위원으로 참여하였습니다.

지은 책으로는 「오십에 쓰는 대학」, 「오십에 쓰는 중용」, 「오십에 쓰는 맹자」, 「오십에 쓰는 도덕경 I · II」, 「오십에 쓰는 논어」, 「오십에 쓰는 채근담」, 「오십에 쓰는 천자문」, 「당신의 품격을 올려주는 손 글씨」, 「가장 쉬운 독학 타타오의 서예 첫걸음」 등이 있습니다.

〈일러두기〉

하나의 문구를 두 개 혹은 그 이상으로 나눠 실을 때는 나눠진 문장에서 앞 문장의 맨 뒤와 다음 문장의 맨 앞에 '-' 를 표시하였습니다.

대학(大學)은,

사서삼경(四書三經)의 사서(四書)를 옛사람이 학문 닦는 순서로 보면 대학(大學)을 가장 우선으로 하고 다음으로 논어(論語)와 맹자(孟子)를 들게 됩니다. 대학은 그만큼 어렵지 않지만 파고들수록 깊이가 광대하여 방대한 유학(儒學)의 압축판이라고 볼 수 있습니다. 대부분의 고전이 그렇듯이 정확히 언제 누가 쓴 것인지 단언할 수 없으나 공자가 남긴 책이라는 설이 유력합니다.
대(大)는 큰 것이며 또한 큰 사람의 형상이니 대학(大學)이란 큰 사람을 만드는 큰 학문이라는 뜻이 됩니다. 대 성리학자였던 정자(程子)는 말했습니다. "처음으로 학문을 닦고자 한다면 대학(大學), 이 책부터 시작하면 잘못이 없으리라." 여기서 말하는 학문은 단지 지식이나 기술을 뜻하는 것이 아니라 전인적 차원의 배움을 의미합니다. 그래서 대학(大學)을 통해 지향하는 바는 현자(賢者)가 되는 것이며, 나아가 성자(聖者)에 이르는 것입니다.
이 책을 읽고 필사하는 과정에 수신(修身)이 되고, 제가(齊家)가 되며, 그 후에는 더 큰 세계로 나아갈 수 있길 바랍니다.

필사를 위한 준비,

이 책의 체본은 가는 붓펜으로 썼습니다. 많은 필기구 중에서 붓펜을 고른 이유는 힘의 가감이나 압력을 가장 정교하게 보여줄 수 있는 서사 도구이기 때문입니다. 하지만 그만큼 초심자분들이 다루기가 어려운 점도 있습니다. 독자께서는 굳이 붓펜이 아니더라도 자신에게 잘 맞고 휴대성과 접근성이 좋은 중성펜 등으로 필사하시길 추천합니다.
필사는 기법만이 아니라 심법(心法)도 아주 중요합니다. 문자(文字)란 생명과 사상을 담은 그릇이고, 그렇기에 필사하는 행위 자체가 하나의 인성수양(人性修養)이며 도야(陶冶)라고 할 수 있습니다.

책 활용법,

이 책은 한자 필순이나 기본획 쓰는 방법을 설명하고 있어 별도로 서예를 배우지 않은 사람도 기본적인 한자 쓰기가 가능합니다. 문장 따라 쓰기에서는 인문학자이자 서예가인 작가가 정리한 문장을 읽으며 의미를 되새기고 따라 쓰며 그 운치를 헤아릴 수 있도록 하였습니다.

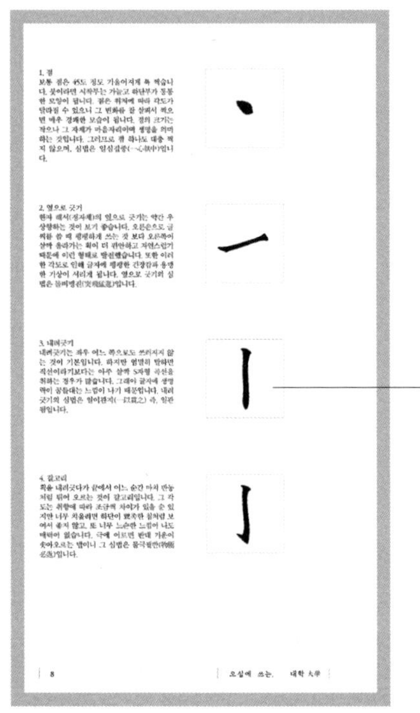

필사를 위한 도구와 마음 자세, 10여 가지의 한자 필순 원칙을 익힐 수 있습니다. 한자를 쓸 때 이 부분만 염두에 둬도 기본적인 한자 쓰기가 훨씬 안정될 것입니다.

서예에서 가장 중요한 쓰기 방법인 '영자팔법(永字八法)'과 기본획을 쓰는 방법에 관해 설명합니다. 한자를 구성하는 기본획의 필법을 익히면, 한자 쓰기의 기본기가 갖춰져 아름다운 한자 쓰기가 가능합니다.

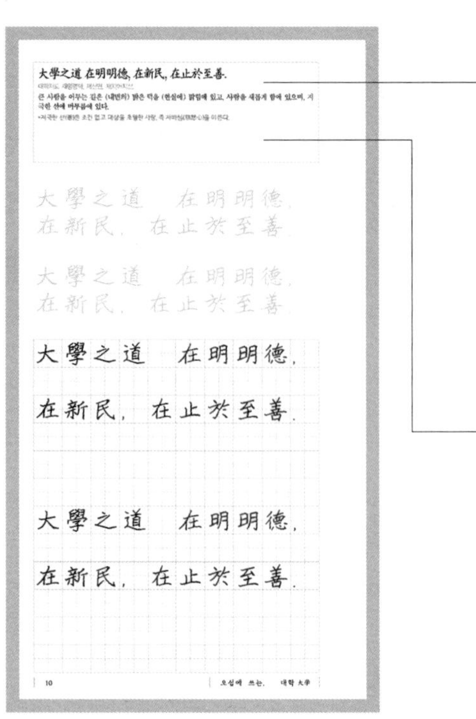

모든 이를 성자(聖者)로 이끌어줄 대학(大學)의 원문과 해설을 읽으면서 마음에 새깁니다.

옛사람이 학문 닦는 순서로 보면 사서(四書) 중에서 대학(大學)을 가장 우선으로 하고 논어(論語)와 맹자(孟子)를 들게 됩니다. 어렵지 않지만 깊이는 광대하여 유학(儒學)의 압축판이라고 할 수 있습니다. 언제 누가 쓴 것인지 단언할 수 없으나 공자가 남긴 책이라는 설이 유력합니다.

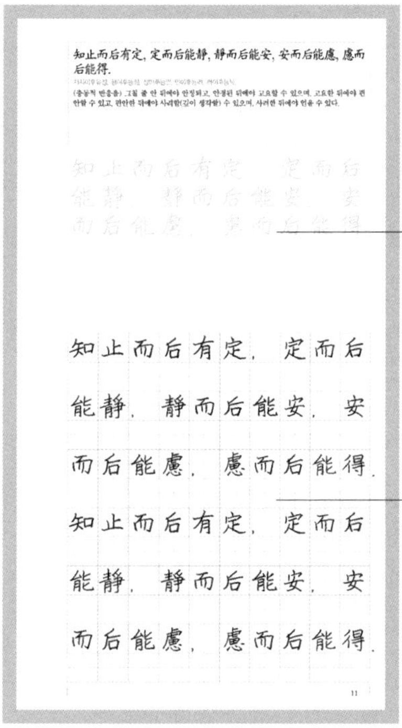

인쇄용 서체가 아닌 작가가 직접 쓴 해서체 체본 위에 따라 쓰며 작가의 심법을 더욱 세밀하게 배울 수 있도록 하였습니다.

다시 한번 작가의 서체를 세밀하게 관찰한 후 자신만의 한자 쓰기를 할 수 있도록 했습니다. 작가의 수려한 글씨체를 본받아 대학의 주옥과 같은 문구를 써보세요.

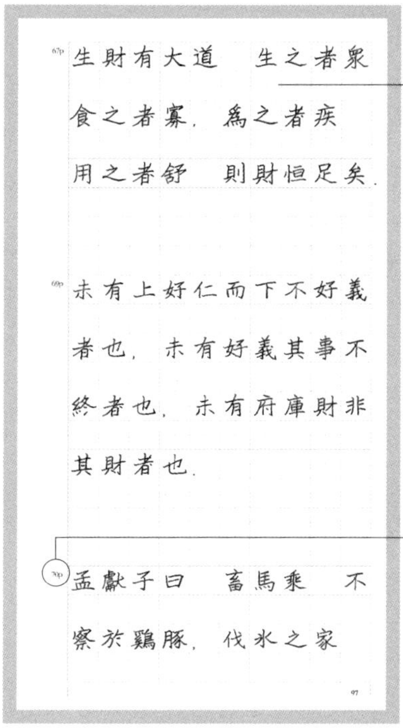

대학(大學)의 문장만을 다시 한번 따라 쓸 수 있도록 하였습니다. 대학(大學)이란 큰 사람을 만드는 큰 학문이라는 뜻입니다. 이 책을 읽고 필사하는 과정을 통해서 수신(修身)되고, 제가(齊家)가 되며, 더 큰 세계로 나아갈 수 있을 것입니다.

문장의 시작 부분에 페이지 표시를 하여 앞 본문으로 이동해 대학(大學)의 본문을 다시 찾아볼 수 있습니다.

한자 필순의 원칙,

한자에서 필순은 무척 중요합니다. 그렇지만 너무 경직되어 틀에만 얽매일 필요는 없습니다. 기본적인 이치와 원리를 이해하면 큰 틀은 자연스럽게 손에 익을 것입니다. 다음 기본 원칙을 이해하고 적용해 봅시다.

1. 위에서 아래로 씁니다. 물이 위에서 아래로 흐르는 이치입니다.

2. 왼쪽에서 오른쪽으로 씁니다. 왼쪽이 안이고 오른쪽이 바깥이니, 안에서 밖으로 향함이 순서입니다.

3. 가로획과 세로획이 겹칠 때는 가로획을 먼저 씁니다. 가로가 음(陰)이고 세로가 양(陽)이니, 음양의 순서입니다.

4. 좌우 대칭을 이루는 글자는 가운데 획을 먼저 쓰고, 좌우의 순서로 씁니다. 기준 획을 먼저 써야 균형을 맞추기 편리하기 때문입니다.

5. 글자 전체를 세로로 꿰뚫는 획은 맨 마지막에 씁니다(예: 中(가운데 중), 일관(一貫)하는 의미가 있기 때문입니다).

7. 삐침과 파임이 만날 때는 삐침을 먼저 씁니다. 삐침이 음(陰), 파임이 양(陽)입니다.

8. 몸(한자에서 글자의 바깥 부분을 에워싸고 있는 부수 '國', '匹'에서 '口', '匚' 따위)과 안으로 된 글자는 몸을 먼저 씁니다. 그래야 크기를 정하기 쉽기 때문입니다. 집을 지어 두고 식구들이 들어가는 것과 같은 이치입니다.

9. 오른쪽 위의 '점'과 안의 '점'은 맨 마지막에 찍습니다. 이때 점은 마침표와 같은 기분입니다.

10. 받침 중 '走', '是'는 먼저 씁니다. 그것이 의미부(글씨에서 의미를 나타내는 부분)이기 때문입니다.

11. 받침 중 '廴', '辶'은 맨 마지막에 씁니다. 이것 또한 의미부이나, 간단하게 만들었기 때문에 마지막에 써서 글자를 받쳐줍니다.

영자팔법(永字八法),

서예에서 중요한 이론 중에 '영자팔법(永字八法)'이 있습니다. '永(길영)'이라는 한 글자 속에는 한자의 거의 모든 기본획이 포함되어 있습니다. 그래서 서예의 기초 단계에서 이 글자로 연습하곤 합니다. 서예뿐만 아니라 펜글씨에서도 그 활용도는 동일하다고 생각이 됩니다. 현대에 와서는 '영자팔법'의 깊은 뜻이 상실되었으나 본서에서는 그 심법과 함께 되살려 보겠습니다.

1. 점
보통 점은 45도 정도 기울어지게 툭 찍습니다. 붓이라면 시작부는 가늘고 하단부가 통통한 모양이 됩니다. 점은 위치에 따라 각도가 달라질 수 있으니 그 변화를 잘 살펴서 찍으면 매우 경쾌한 모습이 됩니다. 점의 크기는 작으나 그 자체가 마음자리이며 생명을 의미하는 것입니다. 그러므로 점 하나도 대충 찍지 않으며, 심법은 일심집중(一心執中)입니다.

2. 옆으로 긋기
한자 해서(정자체)의 옆으로 긋기는 약간 우상향하는 것이 보기 좋습니다. 오른손으로 글씨를 쓸 때 평평하게 쓰는 것 보다 오른쪽이 살짝 올라가는 획이 더 편안하고 자연스럽기 때문에 이런 형태로 발전했습니다. 또한 이러한 각도로 인해 글자에 팽팽한 긴장감과 용맹한 기상이 서리게 됩니다. 옆으로 긋기의 심법은 돌비맹진(突飛猛進)입니다.

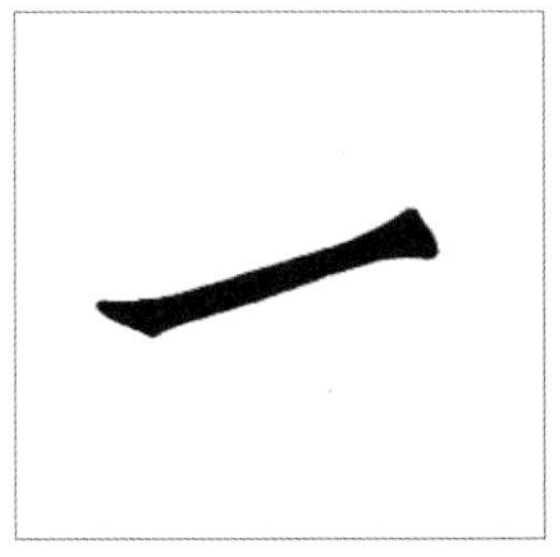

3. 내려긋기
내려긋기는 좌우 어느 쪽으로도 쓰러지지 않는 것이 기본입니다. 하지만 엄밀히 말하면 직선이라기보다는 아주 살짝 S자형 곡선을 취하는 경우가 많습니다. 그래야 글자에 생명력이 꿈틀대는 느낌이 나기 때문입니다. 내려긋기의 심법은 일이관지(一以貫之) 즉, 일관됨입니다.

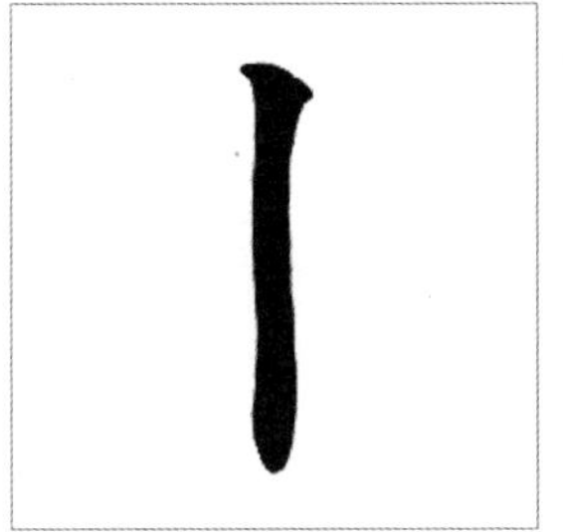

4. 갈고리
획을 내려긋다가 끝에서 어느 순간 마치 반동처럼 튀어 오르는 것이 갈고리입니다. 그 각도는 취향에 따라 조금씩 차이가 있을 순 있지만 너무 치올리면 하단이 뾰족한 침처럼 보여서 좋지 않고, 또 너무 느슨한 느낌이 나도 매력이 없습니다. 극에 이르면 반대 기운이 솟아오르는 법이니 그 심법은 물극필반(物極必返)입니다.

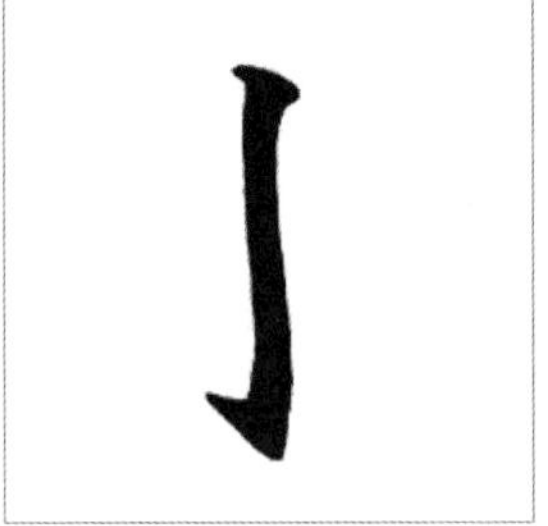

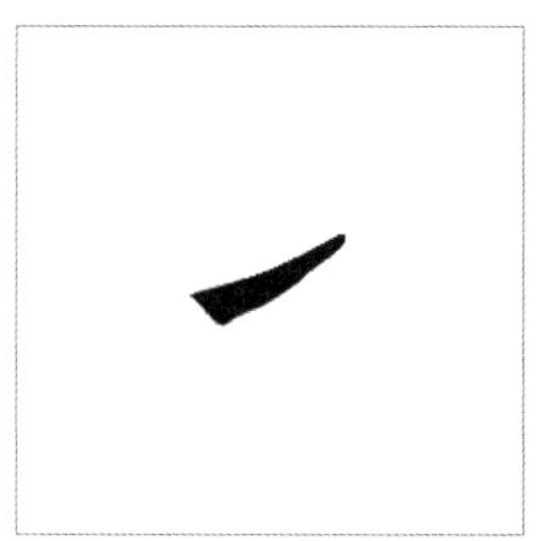

5. 삐쳐 올림
시작부는 쿡 찍어주고 위로 짧게 뽑아 올리는 획입니다. 삼수변(氵)의 세 번째 획과 같은 경우입니다. 삐쳐 올리는 각도는 다음 획이 시작하는 지점을 향하는데, 이러한 율동성을 필세(筆勢)라고 합니다. 이것은 물이 흐르는 듯한 흐름이므로 심법은 행운유수(行雲流水)입니다.

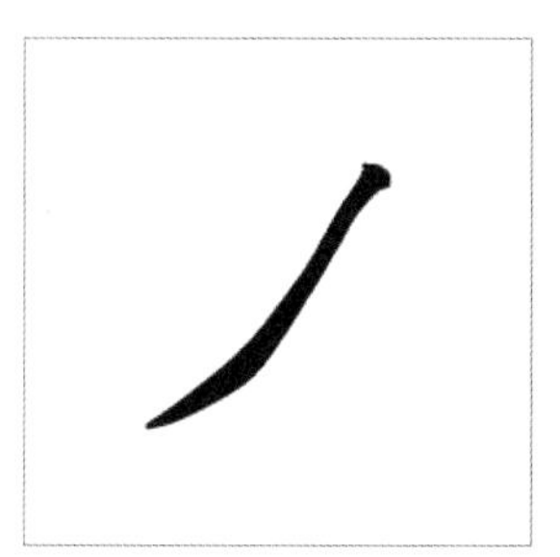

6. 삐침
한자에서 삐침이라는 획은 매우 중요합니다. 시작부에서 왼쪽 하단을 향해 내려오며 끝은 딱 맺지 않고 시원하게 뽑아줍니다. 삐침은 원래 '비침'에서 유래한 말로 태양 빛이 비치는 형상과 닮았습니다. 그러므로 날카로운 칼처럼 뽑는 것이 아닌, 온유하면서도 멀리 뻗어 나가는 획을 그어야 합니다. 심법은 기러기가 비스듬히 모래펄 위로 내려앉는 형국인 평사낙안(平沙落雁)입니다.

7. 쪼음
쪼음은 상단에서 쿡 찍어서 짧고 야무지게 뽑아 내리는 획입니다. 보통 이 획이 나오면 다음 순서로 크고 웅장한 획이 나오게 됩니다. 그래서 욕심을 버리고 큰일을 위해 준비를 한다는 마음으로 써야 합니다. 심법은 과유불급(過猶不及)입니다.

8. 파임
파임은 한자의 꽃이라고 할 만큼 웅장하고 아름다운 획입니다. 시작은 우측 하단을 향해 가늘게 내려오다가 최대한 필압(글 쓸 때 누르는 정도)을 주어 굵게 눌러주고, 다시 가늘게 살짝 우측으로 뽑으며 마무리합니다. 이처럼 장중한 획을 펼칠 때의 심법은 건곤일척(乾坤一擲)입니다.

大學之道 在明明德, 在新民, 在止於至善.

대학지도 재명명덕, 재신민, 재지어지선.

큰 사람을 이루는 길은 (내면의) 밝은 덕을 (현실에) 밝힘에 있고, 사람을 새롭게 함에 있으며, 지극한 선에 머무름에 있다.

*지극한 선(善)은 조건 없고 대상을 초월한 사랑, 즉 자비심(慈悲心)을 이른다.

大學之道 在明明德,
在新民, 在止於至善.

大學之道 在明明德,
在新民, 在止於至善.

大學之道 在明明德,
在新民, 在止於至善.

大學之道 在明明德,
在新民, 在止於至善.

知止而后有定, 定而后能靜, 靜而后能安, 安而后能慮, 慮而后能得.

지지이후유정, 정이후능정, 정이후능안, 안이후능려, 려이후능득.

(충동적 반응을) 그칠 줄 안 뒤에야 안정되고, 안정된 뒤에야 고요할 수 있으며, 고요한 뒤에야 편안할 수 있고, 편안한 뒤에야 사려할(깊이 생각할) 수 있으며, 사려한 뒤에야 얻을 수 있다.

知止而后有定, 定而后
能靜, 靜而后能安, 安
而后能慮, 慮而后能得.

知止而后有定, 定而后
能靜, 靜而后能安, 安
而后能慮, 慮而后能得.

知止而后有定, 定而后
能靜, 靜而后能安, 安
而后能慮, 慮而后能得.

物有本末 事有終始, 知所先後 則近道矣.

물유본말 사유종시, 지소선후 즉근도의.

사물에는 (드러나지 않은) 근본과 (드러난 현상) 지엽이 있고 일에는 끝과 시작이 있으니, 먼저 하고 나중에 할 바를 알면 곧 도에 가까운 것이다.

*이익과 인의(仁義) 중 옛 현인들은 당연히 인의가 먼저라고 보았다.

物有本末 事有終始,
知所先後 則近道矣.

物有本末 事有終始,
知所先後 則近道矣.

物有本末 事有終始,
知所先後 則近道矣.

物有本末 事有終始,
知所先後 則近道矣.

古之欲明明德於天下者 先治其國, 欲治其國者 先齊其家, 欲齊其家者 先修其身, 欲修其身者 先正其心, 欲正其心者 先誠其意, 欲誠其意者

고지욕명명덕어천하자 선치기국, 욕치기국자 선제기가, 욕제기가자 선수기신, 욕수기신자 선정기심, 욕정기심자 선성기의, 욕성기의자

옛날 밝은 덕을 천하에 밝히려던 이는 먼저 그 나라를 다스렸고, 나라를 다스리려는 이는 먼저 그 집안을 가지런히 했으며, 집안을 가지런히 하려는 이는 먼저 그 몸을 닦았고, 몸을 닦으려는 이는 먼저 그 마음을 바르게 했으며, 마음을 바르게 하려는 이는 먼저 그 뜻을 정성 되게 했고, 뜻을 정성 되게 하려는 이는 –

古之欲明明德於天下者
先治其國, 欲治其國者
先齊其家, 欲齊其家者
先修其身, 欲修其身者
先正其心, 欲正其心者
先誠其意, 欲誠其意者

古	之	欲	明	明	德	於	天	下	者
先	治	其	國,		欲	治	其	國	者
先	齊	其	家,		欲	齊	其	家	者
先	修	其	身,		欲	修	其	身	者
先	正	其	心,		欲	正	其	心	者
先	誠	其	意,		欲	誠	其	意	者

先致其知 致知 在格物. 物格而后知至, 知至而后意誠, 意誠而后心正, 心正而后身修,

선치기지 치지 재격물. 물격이후지지, 지지이후의성, 의성이후심정, 심정이후신수,

- 먼저 그 앎에 이르게 하였으니 앎에 이르게 됨은 사물의 격을 궁구함에 있다. 사물의 격을 알아야 앎에 이르게 되고, 앎에 이른 뒤에야 뜻이 정성스럽게 되며, 뜻이 정성스러운 후에 마음이 바르게 되고, 마음이 바르게 된 후에 몸을 닦을 수 있으며, -

*在格物(재격물): 이것이 정격(正格)인지 파격(破格)인지 변격(變格)인지 등을 통찰함을 이른다.

先致其知 致知 在格
物. 物格而后知至, 知
至而后意誠, 意誠而后
心正, 心正而后身修,

先致其知 致知 在格
物. 物格而后知至, 知
至而后意誠, 意誠而后
心正, 心正而后身修,

身修而后家齊, 家齊而后國治, 國治而后天下平.

신수이후가제, 가제이후국치, 국치이후천하평.

- 몸이 닦아진 뒤에야 집안이 가지런해지고, 집안이 가지런해진 뒤에야 나라가 다스려지며, 나라가 다스려진 뒤에야 천하가 화평케 될 것이다.

*수신(修身): 육체만이 아니라 몸가짐과 심체(心體)의 수양을 포함한다.

身修而后家齊, 家齊而后國治, 國治而后天下平.

身修而后家齊, 家齊而后國治, 國治而后天下平.

自天子 以至於庶人 壹是皆以修身爲本. 其本亂而末治者否矣. 其所厚者薄, 而其所薄者厚 未之有也. 此謂知本, 此謂知之至也.

자천자 이지어서인 일시개이수신위본. 기본난이말치자부의. 기소후자박, 이기소박자후 미지유야. 차위지본, 차위지지지야.

천자로부터 서인에 이르기까지 한결같이 모두 수신(修身)을 근본으로 삼는다. 근본이 어지러운데 말단이 다스려지는 일은 없다. 두터이 할 것을 엷게 하고, 엷게 할 것을 두터이 하는 바는 있을 수 없다. 이를 근본을 안다 하고, 앎이 지극하다고 이르는 것이다.

自天子 以至於庶人
壹是皆以修身爲本. 其
本亂而末治者否矣. 其
所厚者薄, 而其所薄者
厚 未之有也. 此謂知
本, 此謂知之至也.

自天子 以至於庶人
壹是皆以修身爲本. 其
本亂而末治者否矣. 其
所厚者薄, 而其所薄者
厚 未之有也. 此謂知
本, 此謂知之至也.

康誥曰 克明德, 太甲曰 顧諟天之明命, 帝典曰 克明峻德 皆自明也.

강고왈 극명덕, 태갑왈 고시천지명명, 제전왈 극명준덕 개자명야.

강고(문왕의 아들이자 그가 쓴 책)에 이르기를, 덕을 잘 밝히라 하였고, 태갑(상나라 5대왕이자 그가 쓴 책)에 말하기를, 하늘의 밝은 명을 돌아보라 하였으며, 제전(시경의 요전(堯典))에선 큰 덕을 밝힐 수 있어야 한다고 했으니 모두 스스로 밝히는 것이다.

*덕(德) 자체가 밝으니 쌓일수록 스스로 더욱 밝아진다.

康誥曰 克明德, 太甲曰 顧諟天之明命, 帝典曰 克明峻德 皆自明也.

康誥曰 克明德, 太甲曰 顧諟天之明命, 帝典曰 克明峻德 皆自明也.

湯之盤銘曰苟日新 日日新, 又日新.

탕지반명왈 구일신 일일신, 우일신.

탕의 반명에 이르기를, 진실로 날로 새로워지면 나날이 새로워지고, 또 날로 새로워진다고 하였다.

*상나라의 성왕 탕왕은 세수하는 청동 대야에 이 글 '구일신 일일신 우일신' (苟日新 日日新 又日新)을 새겨놓고 씻을 때마다 보며 마음에 새겼다고 한다.

湯 之 盤 銘 曰 苟 日 新 日
日 新, 又 日 新.

湯 之 盤 銘 曰 苟 日 新 日
日 新, 又 日 新.

湯 之 盤 銘 曰 苟 日 新 日
日 新, 又 日 新.

湯 之 盤 銘 曰 苟 日 新 日
日 新, 又 日 新.

康誥曰作新民. 詩曰周雖舊邦 其命維新. 是故 君子 無所不用其極.

강고왈작신민. 시왈주수구방 기명유신. 시고 군자 무소불용기극.

강고에 이르기를, (무왕이) 새로이 백성을 만들었다고 했다. 시경에 이르기를, 주나라는 비록 옛 나라지만, 그 생명성은 새롭기만 하다고 했다. 이러하므로 군자는 그 극진함을 쓰지 않는 바가 없는 것이다.

*상나라가 타락하자 새로 성왕인 무왕을 받들어 주(周)나라가 일어서는데, 그 왕이 바르니 백성들의 기운도 새로웠다.

康誥曰作新民. 詩曰周
雖舊邦 其命維新. 是
故 君子 無所不用其
極.

康誥曰作新民. 詩曰周
雖舊邦 其命維新. 是
故 君子 無所不用其
極.

詩云邦畿千里 惟民所止. 詩云緡蠻黃鳥 止于丘隅. 子曰於止 知其所止 可以人而不如鳥乎.

시운방기천리 유민소지. 시운민만황조 지우구우. 자왈어지 지기소지 가이인이불여조호.

시경에 이르기를, 왕성 근교 천리가 오직 백성들이 머무는 곳이다. 시경에 이르기를, 예쁜 꾀꼬리 언덕 모퉁이에 머물렀구나. 공자가 이르기를, 머무름에 있어 그 머무를 바를 아나니 가히 사람이면서 새보다 못할 수 있겠는가.

*꾀꼬리는 현자이며 인재, 그리고 언덕 모퉁이는 성인이 다스리는 곳이니 무릇 현자는 걸주와 같은 폭군의 나라를 떠나 성인이 다스리는 주나라와 같은 곳에 충성을 바친다는 비유이다.

詩 云 邦 畿 千 里 　 惟 民 所
止. 　 詩 云 緡 蠻 黃 鳥 　 止
于 丘 隅. 　 子 曰 於 止 　 知
其 所 止 　 可 以 人 而 不 如
鳥 乎.

詩 云 邦 畿 千 里 　 惟 民 所
止. 　 詩 云 緡 蠻 黃 鳥 　 止
于 丘 隅. 　 子 曰 於 止 　 知
其 所 止 　 可 以 人 而 不 如
鳥 乎.

詩云穆穆文王, 於緝熙敬止. 爲人君 止於仁, 爲人臣 止於敬, 爲人子 止於孝, 爲人父 止於慈, 與國人交 止於信.

시운목목문왕, 어집희경지. 위인군 지어인, 위인신 지어경, 위인자 지어효, 위인부 지어자, 여국인교 지어신.

시경에 이르기를, 훌륭하신 문왕이여, 아아, 끊임없이 공경하였도다. 임금이 되어서는 인(仁)에 머무셨고, 남의 신하가 되어서는 공경함에 머무셨으며, 남의 자식이 되어서는 효(孝)에 머무셨고, 남의 부모가 되어서는 자애로움에 머무셨으며, 나라 사람과 사귐에는 신의에 머무셨다.

詩云穆穆文王, 於緝熙敬止. 爲人君 止於仁, 爲人臣 止於敬, 爲人子 止於孝, 爲人父 止於慈, 與國人交 止於信.

詩云穆穆文王, 於緝熙敬止. 爲人君 止於仁, 爲人臣 止於敬, 爲人子 止於孝, 爲人父 止於慈, 與國人交 止於信.

詩云 瞻彼淇澳 菉竹猗猗. 有斐君子, 如切如磋, 如琢如磨. 瑟兮僩兮, 赫兮喧兮

시운 첨피기오 록죽의의. 유비군자, 여절여차, 여탁여마. 슬혜한혜, 혁혜훤혜

시경에 이르기를, 저 기수의 물굽이 바라보니 푸른 대가 무성하다. 의젓하신 군자여, 깎은 듯하고 다듬은 듯하며, 쪼은 듯하고 갈아낸 듯하도다. 점잖고도 위엄 있으시며 훤하고도 뚜렷하시니 -

*절차탁마(切磋琢磨): 옥을 깎아 다듬어 보배를 만드는 과정. 사람이 공부하고 수양하여 성현이 되어가는 것을 비유한 말이다.

詩云 瞻彼淇澳 菉竹
猗猗. 有斐君子, 如切
如磋, 如琢如磨. 瑟兮
僩兮, 赫兮喧兮 有斐

詩云 瞻彼淇澳 菉竹
猗猗. 有斐君子, 如切
如磋, 如琢如磨. 瑟兮
僩兮, 赫兮喧兮 有斐

有斐君子, 終不可諠兮. 如切如磋者 道學也. 如琢如磨者 自修也. 瑟兮僩兮者 恂慄也. 赫兮喧兮者 威儀也,

유비군자, 종불가훤혜. 여절여차자 도학야. 여탁여마자 자수야. 슬혜한혜자 순률야. 혁혜훤혜자 위의야.

-의젓하신 군자여, 끝내 잊을 수 없도다. 깎은 듯하고 다듬은 듯하다는 것은 배움을 말한다. 쪼은 듯하고 갈아낸 듯하다는 것은 스스로 닦음이다. 점잖고도 위엄이 있다는 것은 엄하고도 뚜렷함이다. 훤하고도 뚜렷하다는 것은 위엄 있는 거동이며, -

君子, 終不可諠兮. 如
切如磋者 道學也. 如
琢如磨者 自修也. 瑟
兮僩兮者 恂慄也. 赫
兮喧兮者 威儀也, 有

君子, 終不可諠兮. 如
切如磋者 道學也. 如
琢如磨者 自修也. 瑟
兮僩兮者 恂慄也. 赫
兮喧兮者 威儀也, 有

有斐君子終不可諠兮者 道盛德至善 民之不能忘也. 詩云 於戲 前王不忘.

유비군자종불가훤혜자 도성덕지선 민지불능망야. 시운 어희 전왕불망.

- 의젓하신 군자를 끝내 잊을 수 없다는 것은 성덕의 지극히 선함을 백성들이 잊을 수 없음을 말한 것이다. 시경에 이르기를, 아아, 앞 임금(문왕과 무왕)을 잊지 못한다고 하였다.

*문왕과 그 아들 무왕은 폭군의 상나라를 끝내고 주나라를 건국한 왕들로 백성들의 존경을 받았다.

斐君子終不可諠兮者
道盛德至善 民之不能
忘也. 詩云 於戲 前
王不忘.

斐君子終不可諠兮者
道盛德至善 民之不能
忘也. 詩云 於戲 前
王不忘.

君子 賢其賢而親其親, 小人 樂其樂而利其利 此以沒世不忘也.

군자 현기현이친기친, 소인 락기락이리기리 차이몰세불망야.

군자는 어진 이를 어질다 하고 친한 이를 친하게 지내나, 소인은 즐거움을 즐기고 이익을 이익 되게 하니 이 때문에 세상을 떠나도 잊지 못하는 것이다.

*군자는 있는 그대로 대하나 소인은 즐거움에 탐닉하고 이익만을 따진다.

君子 賢其賢而親其親,
小人 樂其樂而利其利
此以沒世不忘也.

君子 賢其賢而親其親,
小人 樂其樂而利其利
此以沒世不忘也.

君子 賢其賢而親其親,
小人 樂其樂而利其利
此以沒世不忘也.

子曰 聽訟 吾猶人也 必也使無訟乎.

자왈 청송 오유인야 필야사무송호.

공자께서 말씀하시길, 송사를 처리하는 데 나도 남과 같으나 반드시 송사가 없게 만들고자 한다.

*송사: 재판, 소송.

子曰 聽訟 吾猶人也
必也使無訟乎.

子曰 聽訟 吾猶人也
必也使無訟乎.

子曰 聽訟 吾猶人也
必也使無訟乎.

子曰 聽訟 吾猶人也
必也使無訟乎.

無情者不得盡其辭 大畏民志, 此謂知本.

무정자불득진기사 대외민지, 차위지본.

진실하지 않은 자의 말을 막는 이유는 민심을 고려하기 때문이니, 이것을 근본을 아는 것이라 한다.

*무정자(無情者): 진실하지 않은 자. *민심(民心)이 천심(天心).

無 情 者 不 得 盡 其 辭 大
畏 民 志, 此 謂 知 本.

無 情 者 不 得 盡 其 辭 大
畏 民 志, 此 謂 知 本.

無 情 者 不 得 盡 其 辭 大
畏 民 志, 此 謂 知 本.

無 情 者 不 得 盡 其 辭 大
畏 民 志, 此 謂 知 本.

所謂致知在格物者, 言欲致吾之知 在卽物而窮其理也.

소위치지재격물자, 언욕치오지지 재즉물이궁기리야.

소위 앎에 이르게 하는 것이 사물의 격을 궁구함에 있다는 것은, 나를 앎에 이르게 하고자 하면 사물의 이치를 파고들어야 함을 말한 것이다. -

所謂致知在格物者, 言
欲致吾之知 在卽物而
窮其理也. 蓋人心之靈

所謂致知在格物者, 言
欲致吾之知 在卽物而
窮其理也. 蓋人心之靈

蓋人心之靈莫不有知, 而天下之物莫不有理 惟於理有未窮. 故其知有不盡也.

개인심지령막불유지, 이천하지물막불유리 유어리유미궁. 고기지유부진야.

- 대개 사람의 마음이 신령스러워 알지 못할 것이 없고, 천하의 사물이 이치가 없는 것이 없지만 다만 이치를 파고들지 않음이 있을 뿐이다. 그러므로 그 앎이 다하지 못함이 있는 것이다. -

莫不有知, 而天下之物
莫不有理 惟於理有未
窮. 故其知有不盡也.

莫不有知, 而天下之物
莫不有理 惟於理有未
窮. 故其知有不盡也.

是以大學始教 必使學者卽凡天下之物 莫不因其已知之理而益窮之 以求至乎其極.

시이대학시교 필사학자즉범천하지물 막불인기이지지리이익궁지 이구지호기극.

- 이런 까닭으로 대학의 처음 가르침은 반드시 배우는 사람으로 하여금 모든 천하의 사물에 대해 이미 알고 있는 이치를 한층 더 깊이 들어가 탐구하도록 하여 이로써 가장 높고 깊은 경지까지 도달하게 함이라.

是以大學始教 必使學
者卽凡天下之物 莫不
因其已知之理而益窮之
以求至乎其極.

是以大學始教 必使學
者卽凡天下之物 莫不
因其已知之理而益窮之
以求至乎其極.

至於用一之久 而一旦豁然貫通焉 則衆物之表裏精粗無不到, 而吾心之全體大用無不明矣. 此謂格物, 此謂知之至也.

지어용력지구 이일단활연관통언 즉중물지표리정조무부도, 이오심지전체대용무불명의. 차위격물, 차위지지지야.

힘을 쓰는 것이 오래되어 하루아침에, 깨달음에 이르면 곧 모든 사물의 표리(表裏)와 정조(精粗)가 이르지 않는 것이 없고, 내 마음과 행동이 밝지 않은 것이 없다. 이것을 일러 만물의 격을 궁구한다고 하며, 이것을 일러 앎의 지극함이라고 한다.

*표리(表裏): 겉과 속. *정조(精粗): 정묘함과 조잡함.

至於用力之久 而一旦
豁然貫通焉 則衆物之
表裏精粗無不到, 而吾
心之全體大用無不明矣.
此謂格物, 此謂知之至
也.

至於用力之久 而一旦
豁然貫通焉 則衆物之
表裏精粗無不到, 而吾
心之全體大用無不明矣.
此謂格物, 此謂知之至
也.

所謂誠其意者 毋自欺也, 如惡惡臭, 如好好色 此之謂自謙.

소위성기의자 무자기야, 여오악취, 여호호색 차지위자겸.

이른바 그 뜻을 정성 되게 한다는 것은 스스로를 속이지 않는 것이고, 악취를 싫어함과 같으며, 예쁜 것을 좋아함과 같으니 이것이 스스로 겸허하다는 것이다. -

*정성은 그 자체로 겸허함을 품고 있으며, 그것이 결여되면 악취가 나고 추한 것이다.

所謂誠其意者 毋自欺
也, 如惡惡臭, 如好好
色 此之謂自謙. 故

所謂誠其意者 毋自欺
也, 如惡惡臭, 如好好
色 此之謂自謙. 故

故 君子 必愼其獨也. 小人閒居 爲不善 無所不至, 見君子而后 厭然揜其不善 而著其善.

고 군자 필신기독야. 소인한거 위불선 무소불지, 견군자이후 염연엄기불선 이저기선.

- 그러므로 군자는 반드시 홀로 있을 때 자신을 삼가는 것이다. 소인이 한가로이 거할 때 선하지 못한 짓을 하여 못하는 짓이 없다가, 군자를 본 뒤에는 슬며시 그 못된 것을 가리고 선함을 드러내려 한다. -

君子 必愼其獨也. 小
人間居 爲不善 無所
不至, 見君子而后 厭
然揜其不善 而著其善.

君子 必愼其獨也. 小
人間居 爲不善 無所
不至, 見君子而后 厭
然揜其不善 而著其善.

人之視己如見其肺肝然 則何益矣. 此謂誠於中 形於外. 故君子 必愼其獨也.

인지시기여견기폐간연 칙하익의. 차위성어중 형어외. 고 군자 필신기독야.

- 남이 자기를 보는 것이 마치 폐와 간을 보이는 것과 같으면(속을 다 보인다면) 무슨 이익이 있겠는가. 모름지기 마음속 정성이 차고 넘쳐서 밖으로 나타나야 하느니라. 그러므로 군자는 반드시 홀로 있을 때 자신을 삼가는 것이니라.

*신독(愼獨)이라는 단어는 여기서 나와 율곡 등 여러 학자들이 좌우명으로 삼았다.

人之視己如見其肺肝然
則何益矣. 此謂誠於中
形於外. 故 君子 必
愼其獨也.

人之視己如見其肺肝然
則何益矣. 此謂誠於中
形於外. 故 君子 必
愼其獨也.

曾子曰十目所視 十手所指 其嚴乎. 富潤屋 德潤身, 心廣體胖. 故 君子 必誠其意.

증자왈십목소시 십수소지 기엄호. 부윤옥 덕윤신, 심광체반. 고 군자 필성기의.

증자가 이르기를, 열 눈이 보는 바이고 열 손이 가리키는 바이니 그 엄숙함이여. 부유함은 집을 윤택하게 하고 덕성은 몸을 윤택하게 하니, 마음은 넓어지고 몸은 편안해진다. 그러므로 군자는 반드시 그 뜻을 정성 되게 하는 것이다.

*본능에 따라 가벼이 욕망하고 가벼이 추구하며 가벼이 표현함을 경계하였다.

曾子曰十目所視 十手
所指 其嚴乎. 富潤屋
德潤身, 心廣體胖. 故
君子 必誠其意.

曾子曰十目所視 十手
所指 其嚴乎. 富潤屋
德潤身, 心廣體胖. 故
君子 必誠其意.

所謂修身 在正其心者 身有所忿懥 則不得其正,

소위수신 재정기심자 신유소분치 즉불득기정,

이른바 수신이란 마음을 바르게 함이니 노여워하는 바가 있으면 곧 그 바름을 얻지 못하고, -

所 謂 修 身　在 正 其 心 者
身 有 所 忿 懥　則 不 得 其
正,

所 謂 修 身　在 正 其 心 者
身 有 所 忿 懥　則 不 得 其
正,

有所恐懼 則不得其正, 有所好樂 則不得其正, 有所憂患 則不得其正.

유소공구 즉불득기정, 유소호락 즉불득기정, 유소우환 즉불득기정.

- 두려워하는 바가 있으면 곧 그 바름을 얻지 못하며, 좋아하고 즐기는 바가 있으면 곧 그 바름을 얻지 못하고, 걱정하는 바가 있으면 곧 그 바름을 얻지 못하는 것이다. -

有所恐懼 則不得其正, 有所好樂 則不得其正, 有所憂患 則不得其正.

有所恐懼 則不得其正, 有所好樂 則不得其正, 有所憂患 則不得其正.

心不在焉 視而不見, 聽而不聞, 食而不知其味. 此謂修身 在正其心.

심불재언 시이불견, 청이불문, 식이불지기미. 차위수신 재정기심.

- 마음이 있지 아니하면 보아도 보이지 않으며, 들어도 들리지 않고, 먹어도 그 맛을 알지 못한다. 이래서 수신이 마음을 바르게 함에 있다고 하는 것이다.

心不在焉
視而不見, 聽而不聞,
食而不知其味. 此謂修
身 在正其心.

心不在焉
視而不見, 聽而不聞,
食而不知其味. 此謂修
身 在正其心.

所謂齊其家在修其身者 人之其所親愛而辟焉, 之其所賤惡而辟焉,

소위제기가재수기신자 인지기소친애이벽언, 지기소천오이벽언,

이른바 '그 집안을 가지런히 함이 수신에 있다'고 함은 사람이란 편벽되게 친하고 사랑하며, 편벽되게 천하게 여기고 미워하며, -

所謂齊其家在修其身者
人之其所親愛而辟焉,
之其所賤惡而辟焉, 之

所謂齊其家在修其身者
人之其所親愛而辟焉,
之其所賤惡而辟焉, 之

之其所畏敬而辟焉, 之其所哀矜而辟焉, 之其所敖惰而辟焉. 故 好而知其惡, 惡而知其美者

지기소외경이벽언, 지기소애긍이벽언, 지기소오타이벽언. 고 호이지기악, 오이지기미자

- 편벽되게 두려워하고 공경하며, 편벽되게 애처롭고 불쌍히 여기며, 편벽되게 오만하게 대하고 게을리한다는 것이다. 그러므로 좋아하되 그 안 좋은 점을 알며, 미워하되 그 아름다움을 아는 사람은 -

其所畏敬而辟焉, 之其
所哀矜而辟焉, 之其所
敖惰而辟焉. 故 好而
知其惡, 惡而知其美者

其所畏敬而辟焉, 之其
所哀矜而辟焉, 之其所
敖惰而辟焉. 故 好而
知其惡, 惡而知其美者

天下鮮矣. 故 諺有之. 曰人莫知其子之惡, 莫知其苗之碩. 此謂身不修 不可以齊其家.

천하선의. 고 언유지. 왈인막지기자지악, 막지기묘지석. 차위신불수 불가이제기가.

- 천하에 드문 것이다. 그러므로 속담에 이런 말이 있다. '사람은 그 자식의 악함을 알지 못하며, 그 곡식의 싹이 중요하다는 것을 모른다' 이것은 수신하지 않으면 그 집안을 가지런히 할 수 없음을 말하는 것이다.

*어릴 적에 이미 싹수가 좋아야 한다는 말.

天下鮮矣. 故 諺有之.
曰人莫知其子之惡, 莫
知其苗之碩. 此謂身不
修 不可以齊其家.

天下鮮矣. 故 諺有之.
曰人莫知其子之惡, 莫
知其苗之碩. 此謂身不
修 不可以齊其家.

所謂治國 必先齊其家者 其家者不可教而能教人者 無之.

소위치국 필선제기가자 기가자불가교이능교인자 무지.

이른바 나라를 다스림에 반드시 먼저 그 집안을 가지런히 하여야 한다는 것은 그 집안을 가르치지 못하면서 남을 가르칠 수 있는 사람은 없기 때문이다. -

所謂治國 必先齊其家
者 其家者不可教而能
教人者 無之. 故 君

所謂治國 必先齊其家
者 其家者不可教而能
教人者 無之. 故 君

故 君子 不出家而成教於國 孝者 所以事君也, 弟者 所以事長也, 慈者 所以使衆也.

고 군자 불출가이성교어국 효자 소이사군야, 제자 소이사장야, 자자 소이사중야.

- 그러므로 군자는 집을 나서지 않고도 나라에 가르침을 이루는 것이니 효도라는 것은 임금을 섬기는 방법이 되고, 공손이라는 것은 어른을 섬기는 방법이 되며, 자애라는 것은 백성을 다스리는 방법이 되는 것이다.

子 不出家而成教於國
孝者 所以事君也, 弟
者 所以事長也, 慈者
所以使衆也.

子 不出家而成教於國
孝者 所以事君也, 弟
者 所以事長也, 慈者
所以使衆也.

康誥曰 如保赤子, 心誠求之 雖不中 不遠矣. 未有學養子而后嫁者也.

강고왈 여보적자, 심성구지 수불중 불원의. 미유학양자이후가자야.

강고에 이르기를, '(심성을) 갓난 아기를 보호하듯 하라'고 하였으니, 마음으로 정성되게 구하면 비록 딱 들어맞지는 않더라도 멀지는 않을 것이다. 자식 기르는 것을 배운 뒤에 시집가는 사람은 없다.

*매순간 정성스럽게 배우면서 살아가라는 뜻.

康誥曰 如保赤子, 心誠求之 雖不中 不遠矣. 未有學養子而后嫁者也.

康誥曰 如保赤子, 心誠求之 雖不中 不遠矣. 未有學養子而后嫁者也.

一家仁 一國興仁, 一家讓 一國興讓, 一人貪戾 一國作亂, 其機如此. 此謂一言僨事, 一人定國.

일가인 일국흥인, 일가양 일국흥양, 일인탐려 일국작란, 기기여차. 차위일언분사, 일인정국.

한 집안이 어질면 한 나라에 어짊이 일어나고, 한 집안이 겸양하면 한 나라에 겸양이 일어나며, 한 사람이 자기 이익만을 탐하면 한 나라가 어지러움을 일으키나니, 그 빌미가 이와 같은 것이다. 이것을 한마디 말이 일을 뒤엎고, 한 사람이 나라를 안정시킨다고 말하는 것이다.

一家仁 一國興仁, 一
家讓 一國興讓, 一人
貪戾 一國作亂, 其機
如此. 此謂一言僨事,
一人定國.

一家仁 一國興仁, 一
家讓 一國興讓, 一人
貪戾 一國作亂, 其機
如此. 此謂一言僨事,
一人定國.

堯舜 率天下以仁 而民從之, 桀紂帥天下以暴 而民不從之. 其所令 反其所好 而民不從.

요순 솔천하이인 이민종지, 걸주수천하이폭 이민불종지. 기소령 반기소호 이민불종.

요임금과 순임금은 천하를 거느림에 인으로써 하셨는데 백성들이 그를 따랐고, 걸왕과 주왕은 천하를 거느리되 폭력으로써 하였으니, 백성들은 그를 따르지 않았다. 명령하는 바가 좋아하는 바에 반대된다면 백성들은 따르지 않게 된다. -

堯舜 率天下以仁 而
民從之, 桀紂帥天下以
暴 而民不從之. 其所
令 反其所好 而民不

堯舜 率天下以仁 而
民從之, 桀紂帥天下以
暴 而民不從之. 其所
令 反其所好 而民不

是故 君子有諸己而後求諸人, 無諸己而後非諸人. 所藏乎身

시고 군자유제기이후구제인, 무제기이후비제인. 소장호신

- 이러하므로 군자는 자기에게 그것이 있은 뒤에야 남에게 그것을 구하며, 자기에게 그것이 없은 뒤에야 남의 그것을 비난한다. 몸에 간직하고 있는 바가 -

*나는 안 하면서 남이 안 한다고 탓하지 말고, 나는 아직 잘못하면서 남이 잘못한다고 탓하지 말라는 뜻.

從. 是故 君子有諸己
而後求諸人, 無諸己而
後非諸人. 所藏乎身

從. 是故 君子有諸己
而後求諸人, 無諸己而
後非諸人. 所藏乎身

不恕 而能喩諸人者未之有也. 故 治國 在齊其家.

불서 이능유제인자미지유야. 고 치국 재제기가.

- 서(恕)가 아니면서도 그것을 남에게 깨우칠 수 있는 사람은 없다. 그러므로 나라를 다스림은 그 집안을 가지런히 함에 있다는 것이다.

*여기서 서(恕)는 내가 원치 않는 것을 남에게 하지 말라는 그 정신을 이름.

不恕 而能喩諸人者未
之有也. 故 治國 在
齊其家.

不恕 而能喩諸人者未
之有也. 故 治國 在
齊其家.

詩云桃之夭夭 其葉蓁蓁. 之子于歸 宜其家人. 宜其家人而后 可以教國人. 詩云 宜兄宜弟, 宜兄宜弟而后

시운도지요요 기엽진진. 지자우귀 의기가인. 의기가인이후 가이교국인. 시운 의형의제, 의형의제이후

시경에 이르기를, '복숭아나무의 싱싱함이여, 그 잎이 무성하구나. 아가씨가 시집을 가니 그 집안사람을 화합게 하리라'라고 하였다. 그 집안사람들을 화합게 한 뒤라야 나라 사람들을 가르칠 수 있을 것이다. 시경에 또 말하기를, '형과 아우를 화합게 한다'고 하였으니, 형과 아우가 화합한 뒤에야 -

詩云桃之夭夭 其葉蓁
蓁. 之子于歸 宜其家
人. 宜其家人而后 可
以教國人. 詩云 宜兄
宜弟, 宜兄宜弟而后

詩云桃之夭夭 其葉蓁
蓁. 之子于歸 宜其家
人. 宜其家人而后 可
以教國人. 詩云 宜兄
宜弟, 宜兄宜弟而后

可以教國人. 詩云其儀不忒 正是四國, 其爲父子兄弟足法而后 民法之也. 此謂治國 在齊其家.

가이교국인. 시운기의불특 정시사국, 기위부자형제족법이후 민법지야. 차위치국 재제기가.

- 나라 사람들을 가르칠 수 있는 것이다. 시경에 말하기를, '그 위의가 어긋남이 없으니, 사방의 나라를 바로잡는구나'라고 하였으니 그 부자와 형제가 되어 족히 본받을 만한 뒤에라야 백성들이 그를 본받는 것이다. 이것은 나라를 다스림이 그 집을 가지런히 함에 있다고 하는 것이다.

可以教國人. 詩云其儀
不忒 正是四國, 其爲
父子兄弟足法而后 民
法之也. 此爲治國 在
齊其家.

可以教國人. 詩云其儀
不忒 正是四國, 其爲
父子兄弟足法而后 民
法之也. 此爲治國 在
齊其家.

所謂平天下在治其國者 上老老而民興孝, 上長長而民興弟, 上恤孤而民不倍. 是以 君子有絜矩之道也.

소위평천하재치기국자 상로로이민흥효, 상장장이민흥제, 상휼고이민불배. 시이 군자유혈구지도야.

이른바 천하를 화평케 함이 그 나라를 다스림에 있다는 것은 위에서 노인을 노인으로 대접하면 백성들에게서 효도가 일어나고, 위에서 어른을 어른으로 대접하면 백성들에게서 공손함이 일어나며, 위에서 외로운 이들을 불쌍히 여기면 백성들은 배반하지 않게 된다는 것이다. 이러하므로 군자는 '혈구지도'를 지니는 것이다. *혈구지도(絜矩之道): 내가 당하기 싫으면 남도 당하기 싫을 것이고, 내가 받아 좋으면 남도 받아 좋을 것을 짐작하여 척도로 삼는 지혜.

所謂平天下在治其國者
上老老而民興孝, 上長
長而民興弟, 上恤孤而
民不倍. 是以 君子有
絜矩之道也.

所謂平天下在治其國者
上老老而民興孝, 上長
長而民興弟, 上恤孤而
民不倍. 是以 君子有
絜矩之道也.

所惡於上 毋以使下, 所惡於下 毋以事上. 所惡於前 毋以先後, 所惡於後 毋以從前.

소악어상 무이사하, 소악어하 무이사상. 소악어전 무이선후, 소악어후 무이종전.

위에서 싫어하는 대로 아래를 부리지 말 것이며, 아래서 싫어하는 대로 위를 섬기지 말아야 한다. 앞에서 싫어하는 대로 뒤에 하지 말 것이며, 뒤에서 싫어하는 대로 앞에 하지 말 것이다. -

所 惡 於 上 毋 以 使 下,
所 惡 於 下 毋 以 事 上.
所 惡 於 前 毋 以 先 後,
所 惡 於 後 毋 以 從 前.

所 惡 於 上 毋 以 使 下,
所 惡 於 下 毋 以 事 上.
所 惡 於 前 毋 以 先 後,
所 惡 於 後 毋 以 從 前.

所惡於右 毋以交於左, 所惡於左 毋以交於右. 此之謂絜矩之道.

소악어우 무이교어좌, 소악어좌 무이교어우. 차지위혈구지도.

- 오른편에서 싫어하는 대로 왼편에 건네지 말 것이며, 왼편에서 싫어하는 대로 오른편에 건네지 말 것이다. 이러한 것을 '혈구지도'라 하는 것이다.

所惡於右 毋以交於左,
所惡於左 毋以交於右.
此之謂絜矩之道.

所惡於右 毋以交於左,
所惡於左 毋以交於右.
此之謂絜矩之道.

詩云樂只君子 民之父母 民之所好 好之, 民之所惡 惡之. 此之謂民之父母.

시운락지군자 민지부모 민지소호 호지, 민지소악 악지. 차지위민지부모.

시경에 이르기를, '즐거워하라, 군자님들이여, 백성들의 부모시라' 하였으니, 백성들이 좋아하는 바를 좋아하며, 백성들이 싫어하는 바를 싫어하는 것이다. 이래서 (군자를) 백성들의 부모라 한다.

詩云樂只君子 民之父
母 民之所好 好之,
民之所惡 惡之. 此之
謂民之父母.

詩云樂只君子 民之父
母 民之所好 好之,
民之所惡 惡之. 此之
謂民之父母.

詩云節彼南山 維石巖巖. 赫赫師尹 民具爾瞻, 有國者 不可以不愼. 辟則爲天下僇矣.

시운절피남산 유석암암. 혁혁사윤 민구이첨, 유국자 불가이불신. 벽칙위천하륙의.

시경에 이르기를, '우뚝한 저 남산이여, 오직 바위만 울퉁불퉁하도다. 혁혁하신 사윤이여, 백성 모두 당신을 우러러본다'라 하였으니, 나라를 맡은 사람은 삼가지 않을 수 없는 것이다. 편벽되면 곧 천하의 주륙하는 바가 될 것이다.

*維石巖巖(유석암암): 그 기세가 당당하고 웅장함을 이름. *師尹(사윤): 상나라 초대 태사였던 이윤(伊尹).

*주륙: 죽임을 당하는 것.

詩云節彼南山 維石巖
巖. 赫赫師尹 民具爾
瞻, 有國者 不可以不
愼. 辟則爲天下僇矣.

詩云節彼南山 維石巖
巖. 赫赫師尹 民具爾
瞻, 有國者 不可以不
愼. 辟則爲天下僇矣.

詩云殷之未喪師 克配上帝, 儀監于殷. 峻命不易 道得衆則得國,

시운은지미상사 극배상제, 의감우은. 준명불이 도득중칙득국,

시경에 이르기를, '은나라가 백성을 잃지 않았을 적에는 상제님과 짝이 될 수 있었으니, 마땅히 은나라를 거울삼을지어다. 큰 명은 쉽지 않다'고 하였으니 민중을 얻으면 곧 나라를 얻게 되고, -

*은(殷)나라는 상(商)나라를 뜻함.

詩云殷之未喪師 克配
上帝, 儀監于殷. 峻命
不易 道得衆則得國,

詩云殷之未喪師 克配
上帝, 儀監于殷. 峻命
不易 道得衆則得國,

失衆則失國. 是故 君子 先愼乎德. 有德 此有人, 有人 此有土, 有土 此有財, 有財 此有用. 德者 本也,

실중칙실국. 시고 군자 선신호덕. 유덕 차유인, 유인 차유토, 유토 차유재, 유재 차유용. 덕자 본야,

- 민중을 잃으면 곧 나라를 잃게 됨을 말한 것이다. 이러한 고로 군자는 먼저 덕을 쌓아야 한다. 덕이 있으면 사람이 있게 되고, 사람이 있으면 땅이 있게 되며, 땅이 있으면 재물이 있게 되고, 재물이 있으면 활용이 있게 된다. 덕이라는 것은 근본이요, -

失衆則失國. 是故 君子 先愼乎德. 有德 此有人, 有人 此有土, 有土 此有財, 有財 此有用. 德者 本也,

失衆則失國. 是故 君子 先愼乎德. 有德 此有人, 有人 此有土, 有土 此有財, 有財 此有用. 德者 本也,

財者 末也. 外本内末 争民施奪. 是故 財聚則民散, 財散則民聚.

재자 말야. 외본내말 쟁민시탈. 시고 재취칙민산, 재산칙민취.

- 재물이란 것은 말단이다. 근본을 밖으로 하고 말단을 안으로 하면 백성들이 다투어 약탈하게 된다. 이러한 고로 재물을 모으면 곧 백성들이 흩어지고, 재물을 분배하면 곧 백성들이 모이는 것이다. -

財者 末也. 外本内末
争民施奪. 是故 財聚
則民散, 財散則民聚.

財者 末也. 外本内末
争民施奪. 是故 財聚
則民散, 財散則民聚.

是故 言悖而出者 亦悖而入, 貨悖而入者 亦悖而出.

시고 언패이출자 역패이입, 회패이입지 역패이출.

- 이러한 고로 말이 거슬리게 나간 것은 또한 거슬리게 들어오고, 바르지 않게 들어온 재물은 역시 그런 식으로 나가는 것이다.

是故 言悖而出者 亦
悖而入, 貨悖而入者
亦悖而出.

是故 言悖而出者 亦
悖而入, 貨悖而入者
亦悖而出.

康誥曰惟命 不于常 道善則得之, 不善則失之矣. 楚書曰楚國 無以爲寶, 惟善以爲寶.

강고왈유명 불우상 도선즉득지, 불선즉실지의. 초서왈초국 무이위보, 유선이위보.

강고에 말하기를, '오직 수명은 불변하는 것이 아니다'라고 하였으니 선하면 그것을 얻고(장수), 선하지 못하면 그것을 잃음(단명)을 말한 것이다. 초서에 말하기를, '초나라는 보배로 삼을 만한 것이 없고, 오직 선으로써 보배를 삼는다'고 하였다. -

康誥曰惟命 不于常
道善則得之, 不善則失
之矣. 楚書曰楚國 無
以爲寶, 惟善以爲寶.

康誥曰惟命 不于常
道善則得之, 不善則失
之矣. 楚書曰楚國 無
以爲寶, 惟善以爲寶.

舅犯曰亡人 無以爲寶, 仁親 以爲寶.

구범왈망인 무이위보, 인친 이위보.

- 구범은 말하기를, '망명하는 사람에게는 보배로 삼을 만한 것이 없고, 어짊과 친밀함을 보배로 삼는다'고 하였다.

*아무것도 남은 게 없어도 어짊과 친애함이 있다면 그것이 보배다.

舅犯曰亡人 無以爲寶,
仁親 以爲寶.

舅犯曰亡人 無以爲寶,
仁親 以爲寶.

秦誓曰若有一个臣 斷斷兮無他技 其心 休休焉其如有容焉, 人之有技 若己有之, 人之彥聖 其心好之 不啻若自其口出 寔能容之,

진서왈약유일개신 단단혜무타기 기심 휴휴언기여유용언, 인지유기 약기유지, 인지언성 기심호지 불시약자기구출 식능용지,

진서에 말하기를, '만약 한 꿋꿋한 신하가 있어 정말로 다른 재주는 없으나 그 마음이 착하기만 하면 그와 같은 이는 받아들일만 하고, 남이 가진 재주를 자기가 가진 듯이 하며, 남의 성스러움을 마음으로부터 좋아하여 말로만 아니라 행으로 그리 향한다면 이는 받아들일 수 있는 것이니, -

秦誓曰若有一个臣 斷
斷兮無他技 其心 休
休焉其如有容焉, 人之
有技 若己有之, 人之
彥聖 其心好之 不啻
若自其口出 寔能容之,

秦誓曰若有一个臣 斷
斷兮無他技 其心 休
休焉其如有容焉, 人之
有技 若己有之, 人之
彥聖 其心好之 不啻
若自其口出 寔能容之,

以能保我子孫黎民 尚亦有利哉. 人之有技 娼疾以惡之, 人之彥聖 而違之 俾不通 寔不能容 以不能保我子孫黎民, 亦曰殆哉.

이능보아자손려민 상역유리재. 인지유기 창질이악지, 인지언성 이위지 비불통 식불능용 이불능보아자손려민, 역왈태재.

- 이로써 우리 자손과 백성들을 보전할 수 있으면 또한 이로움이 있다 할 것이오'라고 하였다. '남의 재주 있음을 시샘하여 그를 미워하고, 남의 뛰어나고 어짊을 거슬리어 통하지 못하게 한다면 이는 받아들이지 못하는 것이니 그로써 우리 자손과 백성들을 보전할 수 없을 것이며, 또한 위태롭다 할 것이오'라 하였다.

以能保我子孫黎民 尚
亦有利哉. 人之有技
娼疾以惡之, 人之彥聖
而違之 俾不通 寔不
能容 以不能保我子孫
黎民, 亦曰殆哉.

以能保我子孫黎民 尚
亦有利哉. 人之有技
娼疾以惡之, 人之彥聖
而違之 俾不通 寔不
能容 以不能保我子孫
黎民, 亦曰殆哉.

唯仁人 放流之 迸諸四夷 不與同中國, 此謂唯仁人 爲能愛人, 能惡人.

유인인 방류지 병제사이 불여동중국, 차위유인인 위능애인, 능오인.

오직 어진 사람만이 이들을 몰아내어 변방으로 쫓아서 함께 중국에서 살아가지 못하게 하나니, 이래서 '오직 어진 사람만이 사람을 사랑할 수 있고, 사람을 미워할 수 있다'고 말하는 것이다.

唯仁人 放流之 迸諸四夷 不與同中國, 此謂唯仁人 爲能愛人, 能惡人.

唯仁人 放流之 迸諸四夷 不與同中國, 此謂唯仁人 爲能愛人, 能惡人.

見賢而不能擧, 擧而不能先 命也, 見不善而不能退 退而不能遠 過也.

견현이불능거, 거이불능선 명야, 견불선이불능퇴 퇴이불능원 과야.

어진 이를 보고도 등용하지 못하며, 등용하되 늦추는 것은 태만함이고, 악한 이를 보고도 물리치지 못하며, 물리치되 멀리하지 못하는 것은 허물인 것이다.

見賢而不能擧, 擧而不
能先 命也, 見不善而
不能退 退而不能遠
過也.

見賢而不能擧, 擧而不
能先 命也, 見不善而
不能退 退而不能遠
過也.

好人之所惡 惡人之所好, 是謂拂人之性 菑必逮夫身. 是故 君子有大道 必忠信以得之, 驕泰以失之.

호인지소오 오인지소호, 시위불인지성 치필체부신. 시고 군자유대도 필충신이득지, 교태이실지.

남이 싫어한 바를 좋아하며 남이 좋아하는 바를 싫어하는 것, 이것을 사람의 본성을 어기는 것이라 하는 것이니 재앙이 반드시 자신에게 미치고야 말 것이다. 이러한 고로 군자에게는 큰 도가 있으니 반드시 충성과 믿음으로써 그것을 얻고, 교만하고 건방지면 그것을 잃게 될 것이다.

好人之所惡 惡人之所
好, 是謂拂人之性 菑
必逮夫身. 是故 君子
有大道 必忠信以得之
驕泰以失之.

好人之所惡 惡人之所
好, 是謂拂人之性 菑
必逮夫身. 是故 君子
有大道 必忠信以得之
驕泰以失之.

生財有大道 生之者衆 食之者寡, 爲之者疾 用之者舒 則財恒足矣.

생재유대도 생지자중 식지자과, 위지자질 용지자서 칙재항족의.

재물을 생(生)함에 대도가 있으니 그것을 생하는 자가 많고 그것을 먹는 자 적으며, 그것을 (생산)하는 자 빠르고 그것을 쓰는 자 더디면 곧 재물은 항상 족하다는 것이다.

*욕망을 부리면 늘 결핍된 것 같고 족함을 알면 늘 부유하다. 지족자부(知足者富)의 뜻.

生財有大道 生之者衆
食之者寡, 爲之者疾
用之者舒 則財恒足矣.

生財有大道 生之者衆
食之者寡, 爲之者疾
用之者舒 則財恒足矣.

生財有大道 生之者衆
食之者寡, 爲之者疾
用之者舒 則財恒足矣.

仁者 以財發身, 不仁者 以身發財.

인자 이재발신, 불인자 이신발재.

어진 사람은 재물로써 몸을 일으키고, 어질지 못한 사람은 몸으로써 재물을 일으킨다.

*재물을 억지로 쫓지 말라는 뜻.

仁者 以財發身, 不仁
者 以身發財.

仁者 以財發身, 不仁
者 以身發財.

仁者 以財發身, 不仁
者 以身發財.

仁者 以財發身, 不仁
者 以身發財.

未有上好仁而下不好義者也, 未有好義其事不終者也, 未有府庫財非其財者也.

미유상호인이하불호의자야, 미유호의기사불종자야, 미유부고재비기재자야.

위에서 어짊을 좋아하는데도 아래에서 의로움을 좋아하지 않는 일은 없고, 의로움을 좋아하는데도 그 일이 마쳐지지 않는 일은 없으며, 창고의 재물이 그의 재물로 되지 않는 일도 없다.

*옛말에 복은 덕(인덕)이 부르는 것이니 복이덕초(福以德招)라 했다.

未有上好仁而下不好義
者也, 未有好義其事不
終者也, 未有府庫財非
其財者也.

未有上好仁而下不好義
者也, 未有好義其事不
終者也, 未有府庫財非
其財者也.

孟獻子曰 畜馬乘 不察於鷄豚, 伐氷之家 不畜牛羊, 百乘之家 不畜聚斂之臣. 與其有聚斂之臣 寧有盜臣,

맹헌자왈 축마승 불찰어계돈, 벌빙지가 불축우양, 백승지가 불축취렴지신. 여기유취렴지신 녕유도신,

맹헌자가 말하기를, '말을 기르는 이는 닭, 돼지 따위를 살피지 아니하고, 얼음을 베어가는 집안은 소, 양을 기르지 않으며, 백승의 집에서는 취렴하는 신하를 기르지 아니한다. 취렴하는 신하를 가질 바엔 차라리 도둑질하는 신하를 가질 것이다'라고 했으니, -

*伐氷之家(벌빙지가) 얼음을 먹을 수 있는 대부의 가문을 이름(부귀 가문).

*취렴(聚斂): 부당한 재물을 모으는 일

孟獻子曰 畜馬乘 不
察於鷄豚, 伐氷之家
不畜牛羊, 百乘之家
不畜聚斂之臣. 與其有
聚斂之臣 寧有盜臣,

孟獻子曰 畜馬乘 不
察於鷄豚, 伐氷之家
不畜牛羊, 百乘之家
不畜聚斂之臣. 與其有
聚斂之臣 寧有盜臣,

此謂國 不以利爲利, 以義爲利也. 長國家而務財用者 必自小人矣.

차위국 불이리위리, 이의위리야. 장국가이무재용자 필자소인의.

- 이를 나라는 이익으로써 이로움을 삼지 아니하고, 의로움으로써 이로움을 삼는다고 말하는 것이다. 국가의 우두머리가 되어 재물에 힘쓰는 자는 반드시 소인들로 말미암은 것이다. -

此謂國 不以利爲利,
以義爲利也. 長國家而
務財用者 必自小人矣.

此謂國 不以利爲利,
以義爲利也. 長國家而
務財用者 必自小人矣.

彼爲善之 小人之使爲國家 菑害竝至. 雖有善者 亦無如之何矣. 此謂國 不以利爲利, 以義爲利也.

피위선지 소인지사위국가 치해병지. 수유선자 역무여지하의. 차위국 불이리위리, 이의위리야.

- 그런 짓을 잘하는 것이라 하여 소인들로 하여금 국가 일을 하게 하면 재해가 아울러 이를 것이다. 비록 잘한 것이 있다 하더라도 또한 그것을 어찌할 수가 없는 것이다. 이를 나라는 이익으로써 이로움을 삼지 아니하고, 의로써 이로움을 삼는다고 말하는 것이다.

彼爲善之 小人之使爲
國家 菑害竝至. 雖有
善者 亦無如之何矣.
此謂國 不以利爲利,
以義爲利也.

彼爲善之 小人之使爲
國家 菑害竝至. 雖有
善者 亦無如之何矣.
此謂國 不以利爲利,
以義爲利也.

10p 大學之道 在明明德,
在新民, 在止於至善.

11p 知止而后有定, 定而后
能靜, 靜而后能安, 安
而后能慮, 慮而后能得.

物有本末 事有終始, 12p

知所先後 則近道矣.

古之欲明明德於天下者 13p

先治其國, 欲治其國者

先齊其家, 欲齊其家者

先修其身, 欲修其身者

先正其心, 欲正其心者

先誠其意, 欲誠其意者

先致其知 致知 在格物. 物格而后知至, 知至而后意誠, 意誠而后心正, 心正而后身修, 身修而后家齊, 家齊而后國治, 國治而后天下平.

自天子 以至於庶人 16p

壹是皆以修身爲本. 其

本亂而末治者否矣. 其

所厚者薄, 而其所薄者

厚 未之有也. 此謂知

本, 此謂知之至也.

康誥曰 克明德, 太甲 17p

曰 顧諟天之明命, 帝

典曰 克明峻德 皆自

明也.

18p 湯之盤銘曰苟日新 日日新, 又日新.

19p 康誥曰作新民. 詩曰周雖舊邦 其命維新. 是故 君子 無所不用其極.

詩云邦畿千里 惟民所 20p
止. 詩云緡蠻黃鳥 止
于丘隅. 子曰於止 知
其所止 可以人而不如
鳥乎.

詩云穆穆文王, 於緝熙 21p
敬止. 爲人君 止於仁,
爲人臣 止於敬, 爲人
子 止於孝, 爲人父
止於慈, 與國人交 止
於信.

詩云 瞻彼淇澳 菉竹猗猗. 有斐君子, 如切如磋, 如琢如磨. 瑟兮僩兮, 赫兮喧兮 有斐君子, 終不可諠兮. 如切如磋者 道學也. 如琢如磨者 自修也. 瑟兮僩兮者 恂慄也. 赫兮喧兮者 威儀也, 有斐君子終不可諠兮者 道盛德至善 民之不能

忘也. 詩云 於戲 前

王不忘.

君子 賢其賢而親其親, 25p

小人 樂其樂而利其利

此以沒世不忘也.

26p 子曰 聽訟 吾猶人也

必也使無訟乎.

27p 無情者不得盡其辭 大

畏民志, 此謂知本.

28p

所謂致知在格物者, 言
欲致吾之知 在卽物而
窮其理也. 蓋人心之靈
莫不有知, 而天下之物
莫不有理 惟於理有未
窮. 故其知有不盡也.
是以大學始敎 必使學
者卽凡天下之物 莫不
因其已知之理而益窮之
以求至乎其極.

31p 至於用力之久 而一旦豁然貫通焉 則衆物之表裏精粗無不到, 而吾心之全體大用無不明矣. 此謂格物, 此謂知之至也.

35p 曾子曰十目所視 十手所指 其嚴乎. 富潤屋德潤身, 心廣體胖. 故君子 必誠其意.

32p

所謂誠其意者 毋自欺也, 如惡惡臭, 如好好色 此之謂自謙. 故君子 必愼其獨也. 小人閒居 爲不善 無所不至, 見君子而后 厭然揜其不善 而著其善. 人之視己如見其肺肝然 則何益矣. 此謂誠於中 形於外. 故 君子 必愼其獨也.

36p

所謂修身 在正其心者身有所忿懥 則不得其正, 有所恐懼 則不得其正, 有所好樂 則不得其正, 有所憂患 則不得其正. 心不在焉 視而不見, 聽而不聞, 食而不知其味. 此謂修身 在正其心.

39p

所謂齊其家在修其身者

人之其所親愛而辟焉,

之其所賤惡而辟焉, 之

其所畏敬而辟焉, 之其

所哀矜而辟焉, 之其所

敖惰而辟焉. 故 好而

知其惡, 惡而知其美者

天下鮮矣. 故 諺有之.

曰人莫知其子之惡, 莫

知其苗之碩. 此謂身不

修 不可以齊其家.

42p 所謂治國 必先齊其家
者 其家者不可敎而能
敎人者 無之. 故 君
子 不出家而成敎於國
孝者 所以事君也, 弟
者 所以事長也, 慈者
所以使衆也.

44p 康誥曰 如保赤子, 心
誠求之 雖不中 不遠
矣. 未有學養子而后嫁
者也.

一家仁　一國興仁, 一 45p
家讓　一國興讓, 一人
貪戾　一國作亂, 其機
如此. 此謂一言僨事,
一人定國.

所謂平天下在治其國者 51p
上老老而民興孝, 上長
長而民興弟, 上恤孤而
民不倍. 是以　君子有
絜矩之道也.

46p

堯舜 率天下以仁 而民從之, 桀紂帥天下以暴 而民不從之. 其所令 反其所好 而民不從. 是故 君子有諸己而後求諸人, 無諸己而後非諸人. 所藏乎身不恕 而能喩諸人者未之有也. 故 治國 在齊其家.

49p

詩云桃之夭夭 其葉蓁蓁. 之子于歸 宜其家人. 宜其家人而后 可以教國人. 詩云 宜兄宜弟, 宜兄宜弟而后 可以教國人. 詩云其儀不忒 正是四國, 其爲父子兄弟足法而后 民法之也. 此爲治國 在齊其家.

52p 所惡於上　毋以使下,

所惡於下　毋以事上.

所惡於前　毋以先後,

所惡於後　毋以從前.

所惡於右　毋以交於左,

所惡於左　毋以交於右.

此之謂絜矩之道.

54p 詩云樂只君子　民之父

母　民之所好　好之,

民之所惡　惡之. 此之

謂民之父母.

詩云殷之未喪師 克配上帝, 儀監于殷. 峻命不易 道得衆則得國, 失衆則失國. 是故 君子 先愼乎德. 有德此有人, 有人 此有土, 有土 此有財, 有財此有用. 德者 本也, 財者 末也. 外本內末爭民施奪. 是故 財聚則民散, 財散則民聚.

是故 言悖而出者 亦
悖而入, 貨悖而入者
亦悖而出.

55p 詩云節彼南山 維石巖
巖. 赫赫師尹 民具爾
瞻, 有國者 不可以不
愼. 辟則爲天下僇矣.

60p 康誥曰惟命 不于常
道善則得之, 不善則失

之矣. 楚書曰楚國 無

以爲寶, 惟善以爲寶.

舅犯曰亡人 無以爲寶,

仁親 以爲寶.

秦誓曰若有一个臣 斷 62p

斷兮無他技 其心 休

休焉其如有容焉, 人之

有技 若己有之, 人之

彦聖 其心好之 不啻

若自其口出 寔能容之,

以能保我子孫黎民 尚

亦有利哉. 人之有技

媢疾以惡之, 人之彥聖

而違之 俾不通 寔不

能容 以不能保我子孫

黎民, 亦曰殆哉.

66p 好人之所惡 惡人之所

好, 是謂拂人之性 菑

必逮夫身. 是故 君子

有大道 必忠信以得之

驕泰以失之.

唯仁人 放流之 迸諸 64p
四夷 不與同中國, 此
謂唯仁人 爲能愛人,
能惡人.

見賢而不能擧, 擧而不 65p
能先 命也, 見不善而
不能退 退而不能遠
過也.

仁者 以財發身, 不仁 68p
者 以身發財.

67p 生財有大道 生之者衆

食之者寡, 爲之者疾

用之者舒 則財恒足矣.

69p 未有上好仁而下不好義

者也, 未有好義其事不

終者也, 未有府庫財非

其財者也.

70p 孟獻子曰 畜馬乘 不

察於鷄豚, 伐氷之家

不畜牛羊，百乘之家

不畜聚斂之臣．與其有

聚斂之臣　寧有盜臣，

此謂國　不以利爲利，

以義爲利也．長國家而

務財用者　必自小人矣．

彼爲善之　小人之使爲

國家　菑害竝至．雖有

善者　亦無如之何矣．

此謂國　不以利爲利，

以義爲利也．

문자(文字)란 사상을 담은 그릇이므로
필사는 하나의 인성수양(人性修養)이며
도야(陶冶)라고 할 수 있습니다.

하루 10분, 고전 필사 08

오십에 쓰는 대학大學

초판1쇄 인쇄 2024년 10월 23일
초판1쇄 발행 2024년 11월 01일

지은이 타타오(한치선)
펴낸이 최병윤
펴낸곳 운곡서원
출판등록 2013년 7월 24일 제2024-000064호
주소 서울시 은평구 증산로21가길 11-11, 103호
전화 02-334-4045
팩스 02-334-4046

종이 일문지업
인쇄 이든북스

ISBN 979-11-94116-10-3 04150
가격 8,500원

잘못 만들어진 책은 구입하신 서점에서 바꾸어 드립니다.
운곡서원은 리얼북스의 인문, 역사 브랜드입니다.
독자 여러분의 소중한 원고를 기다립니다(rbbooks@naver.com)